어
떤
위로

시와글벗문학회 동인지 제6집

어떤 위로

초판 1쇄 인쇄 2018년 08월 14일
초판 1쇄 발행 2018년 08월 23일

지은이 곽구비 · 오현주 · 우현자 · 이경미 · 이현주
장선경 · 전영탁 · 전은행 · 정상화 · 조충호 · 한명희

펴낸이 김양수 **표지 본문 디자인** 곽세진

펴낸곳 도서출판 맑은샘 **출판등록** 제2012-000035
주소 (우 10387) 경기도 고양시 일산서구 중앙로 1456(주엽동) 서현프라자 604호
대표전화 031.906.5006 **팩스** 031.906.5079
이메일 okbook1234@naver.com **홈페이지** www.booksam.kr

ISBN 979-11-5778-330-4 (03800)

*이 책의 국립중앙도서관 출판시도서목록은 서지정보유통지원시스템 홈페이지(http://seoji.nl.go.kr)와 국가자료공동목록시스템(http://www.nl.go.kr/kolisnet)에서 이용하실 수 있습니다. (CIP제어번호 : CIP2018025941)

어떤 위로

발간사

詩, 문학이라는 샘에서 퍼 올린 언어

소슬한 갈대숲의 노래가 서걱서걱 바람에 나부낀다. 풀 섶엔 온갖 풀이 엉켜 여름 끝자락 햇살을 받으며 가을꽃을 피우고 있다. 손톱만한 꽃부터 밥풀보다 작은 희고, 노랗고, 빨갛고, 보랏빛 색깔의 꽃. 자연이 엮어내는 서정抒情은 봄부터 겨울까지 끝이 없다.

결실의 계절 가을은 시인들의 마음도 분주하다. 가을 들녘만큼이나 울긋불긋 부푼 가슴으로 아름다운 세상을 노래하고 싶기 때문이다.

사실 글을 쓰고 싶어 하는 갈망이나 열정은 사람에게만 주어진 조물주가 내린 특혜이다. 그중에 시인은, 문학이라는 샘에서 퍼 올린 언어로 삶에서 마주치는 여러 갈등을 해소시키고, 인간 영혼의 소리에 귀 기울이며, 자연의 여러 현상을 헤아려 각박한 마음을 치료한다. 꽃의 아름다움과 공기의 싱그러움, 새의 울음소리와 졸졸졸 물소리. 보통 사람은 그냥 듣고 지나칠 수 있는 온갖 사물 현상에 반응하며 가장 고운 언어로 노래하는 예술가이다.

시인은 이처럼 조물주의 특혜를 받은 예술가로서 자긍심을 가지고 끊임없는 창작활동에 몰두하여야 한다. 예쁜 시어詩語와 고상한 단어만 섞어 짓겠노라는 편협된 생각은 관객 없이 홀로 춤추는 것과 같다. 일상에서 겪는 평범한 이야기를 함축적이면서도 쉽고 간결하게 풀어내야 할 것이다. 그것은 마치 온갖 들풀이 엉켜 자유롭게 꽃을 피우고 열매를 맺듯, 순수 그 자체이어야 할 것이다.

세상에서 가장 맑고 화려한 언어 詩. 여기 11명의 시인이 들녘의 들꽃처럼 그 마음을 풀어 또 한 권의 시집을 엮었으니 시와글벗문학회 동인지 제6집『어떤 위로』이다.

책을 만드는 일, 특히 여러 작가의 작품을 한데 모아 엮는 동인집을 만드는 일은 어렵고도 힘든 일이다. 원고를 모으는 일부터 교정과 편집과정, 그리고 출간에 이루기까지 노력과 인내가 필요한 일이다.

기꺼이 옥고를 보내 동인집 출간에 참여하신 동인들께 감사의 말씀을 드린다. 지순至純한 작품이 이 한 권의 책에 모였기에 틀림없이 독자들의 사랑을 듬뿍 받으리라 믿는다.

제6집 출간에도 변함없이 노력해 주신 출판사와 관계자 여러분께 이 자리를 빌려 감사의 말씀 드린다.

2018년 가을을 맞으며

시와글벗문학회 회장 선중관 시인

CONTENTS

곽 구 비

PART 1

· ≪스토리문학≫신인문학상수상 시 등단
· 시와글벗문학회 동인, 스토리문학 이사, 한국문인협회 회원, 대한문인협회 회원
· 2016년 대한민국 공예예술대전 시부문 우수상
· 개인시집 제1집 『푸른 들판은 아버지다』, 제2집 『사막을 연주하다』와 시와글벗문학회 동인지 제6집 『어떤 위로』 外 스토리문학 및 대한문인협회 강원지회 동인지 『내 마음의 풍경』 등 다수 있음
· e-mail:kgb9885@naver.com

/

/

정리

다 떼어내고 남은 12월이
용감하게 서 있다
유난히 빼곡한 날짜 안에
빨간 동그라미
특별한 날이다 표시를 한 모양이군
건망증이 무서운 게지
앞장들이 뜯겨진 이유를 모른 채
홀가분한 12월이 휘날리며 가벼워한다
정리를 해볼까 전화번호부를 연다
너는 애매모호해서 지워내고
너는 귀찮아서 지워내고
너는 아무 연고 없으니 지워주마
어느 날 연말정산에 내 이름도
이렇게 떨어져 나갔을 테지
꿋꿋이 달고 있을 이름이 많다고
행복한 것도 아니잖은가

박제하고픈 인연

책 속에 감춰두고
숨 못 쉬게 억압당한 잎새를 본다
붉은 사연인 양 어긋난 인연도 접어서
박제로 말려두고 싶을 때 있다

긴 세월 잠그고 오래 두면
가벼워지는 사이가 되겠지
잊혀지며 감사할 관계 굳이 보면서
지쳐가는 만남은 가둬 두고 싶다

붉은빛이 삐죽거리며 가을 햇빛에
우연히 노출이 되었을 땐 꺼낸다
내가 용서했거나 이해되었거나
아니면 털어 없애버릴 이야기들이니까

비 오는 날

아침에 내린 봄비에 시를 적는다
비의 입술에 말을 매달아 또르르
굴리면 그대의 창가에 날아들겠지

빗소리 창문마다 노크하면 시의 문장은
각각의 가슴에 다른 리듬으로 들리고
또 다른 시로 쓰이곤 하겠지

오늘 봄비로 쓰인 시들이 온종일
누군가에게 전해지거라 분주하겠지
그대는 내가 지은 시를 찾아 나서야 해

나는 그런 그대의 모습을 바라볼 거야
비에 약간 젖어 당황한 눈 그런 게 좋아
비에 조금 핼쑥해진 모습 그런 게 훨씬 좋거든

온종일 어슴푸레하게 암전 같은 대낮
막걸릿집 귀퉁이에 접힌 시들이 날아다녀
비가 내리면 말이야 시들이 날개를 달았어

그곳에 가면

언 땅 일구던 곡괭이 한쪽 벽에
침묵처럼 걸고
아궁이 앞에 비로소 다리 펴고
앉는 저녁

어머니의 한숨이 활활 타오르면
저녁 별님은
곤궁한 마당가에서 위로의 빛을 쏘아주었지

막걸리 담긴 노란 주전자에
어른 아이가 함께 마시고
함부로 나무라지 않은 묵인도 존재했지

농사의 끝에서 거둬내고 떨궈진 알갱이들은 들녘 두더지와
떠도는 고양이도 한몫 차지했지

밭작물 담아 나르던 소쿠리의
낡은 빛 사이로
여전히 햇볕은 강렬하게 그리움을 끌어모으지

공동 우물가 팽나무 사이에
매일 올라앉던
달님에게 그곳 이야기 들으러 가고 싶네

대화가 필요해

꽃잎이 떨고 있는 새벽은
얼마나 처연한지 가슴에 이는
바람은 중심을 얼마나 흩트려놓는지
당신에게 내가 할 말은 많았다

한 번쯤 산책을 같이하고 들국화
조물조물 한 그 길에 향기를
당신과 나누고자 했다
주식에 대한 경제에 관한 국회의원 얘기 말고

내가 바라본 세상에 대하여
코스모스가 올핸 가을보다 먼저 온 이유와
허수아비를 볼 수 없던 들녘에 대하여
한마디만 나누어도 몹시 아름다운 가을이겠다

드라이브

동강 위로 냅다 달리는 겨울의 뒷덜미
차로 부지런히 쫓아 보았다

물빛이 덩달아 따라다니던 오후
빛이 산등성이를 내리칠 때

골절되어 내 가슴 골짜기를 훔쳐내자
겨울 해묵은 생각을 털어 동강에 뿌린다

2월의 기분 좋은 서늘함과 햇빛의 조우로
강물은 출렁출렁 요동을 치고

꿈에서도 못 보던 임을 만난 듯한 나른함
봄의 흘림으로 겨울을 잊는다

첫날의 흐름

유월 아침 바람의 페달을 밟고
구름의 복판으로 달려 봐야지
안정적인 자세로 덜컹거리지 않아
유쾌하게 가면 별일 없을 거야

넘어진 자리마다 풀꽃과 얘기하고
샘물로 목을 축일 때마다
호박 잎새 도랑으로 살짝 뿌려주던
시골집 생각도 하겠지

토끼풀 반지 하나 만들어 추억 놀이할까
두꺼워진 손가락 몇 번 감지 못해 툭
부러지더라도 괜찮아 햇볕이 따스하잖아

지난달 봄바람이 켜둔 심지 사이로
청보리 잎새 쫑긋하며 키를 높이겠네
관절에서 새어 나온 높은 음계
여름을 향하여 열매 매달리겠지

사그라든 장미 입술을 지나
오월은 떠났고
메뚜기떼 요동치는 흔적 뚜렷이 비추는
정오의 태양에게 한마디 하겠지

“어이 더워진다 야”

목련

너 닮은 꽃으로 불리고 싶어
은은한 향기
흐트러짐 없는 도도함

꽃이라 불리던 20대가 있었어
화려한 장미였지
열정이 과하면 위험했어

무심한 마음으로 살고 싶어
번거롭지 않게
고고하게 딱 너 닮았으면 해

오 현 주

PART 2

- 月刊≪文學空間≫신인문학상수상 시 등단
- 시와글벗문학회 편집위원
- 시와글벗문학회 동인지 제1집 『그대라는 이름 하나』, 제2집 『문장 한 줄이 밤새 사랑을 한다』, 제3집 『말의 향기』, 제5집 『詩人의 향기』, 제6집 『어떤 위로』 공저
- e-mail:silkkiss@hanmail.com

바퀴

그러나 마음은 제멋대로 굴러가는 바퀴
그 움직임 조절할 수 있는
손잡이 하나쯤 달아두고
그대와 다정히 돌아나고 싶은 이유입니다
더러 모래바람 부는 날이면
둥근 이마에 창을 내어
바람개비 하나쯤 걸어두고
환한 하늘과 굴러나고 싶은 이유입니다.

눈칫밥

서울 이층집에 세 들어 산 지 오래다.

곰팡이 핀 보리쌀 한 자루가 시작이었다.
삼켜 먹을 거라고는 눈곱만큼도
없는 주차장 바닥
여기도 쪼아보고 저기도 쪼아보는 굶주린
작은 몸뚱어리가 기워 입은 푸석한 깃털은
후 불면 낙엽처럼 오소소
털어낼 것만 같아서
차마 내 입에는 역겨운 보리쌀 한 주먹
흩뿌리니 잘도 먹고
햇살을 들어 올리며 날아간 그 녀석
밥 주세요! 열댓 날을 찾아왔을 때
아차, 나는 세 들어 사는 여자라고.
이 집도 주차장도 주인아저씨 것
비둘기 밥 주지 마세요! 주차장이 똥통이라고.
내 집 함부로 사용 마세요! 주인은 경고했지만
슬쩍슬쩍 주먹질해가며 녀석의 배를 채워주고.
눈치껏 먹고 어서 돌아가라고.

멀리 날아올라 트림 한 번 크게 하라고 했다.

하늘에서도 세 들어 살 수 있니?
네 집은 가장 높은 펜트하우스
주인이 너라면 좋겠다고 생각했다.

손톱

손톱 끝에 하얀 새순이 자라있다
보름 전에도 똑, 똑 따주었는데

떨어진 손톱 심으면
내가 없어도
싹 틔울까?

죽어서도
손톱은 길게 자란다
생각해보니
몸은 목숨보다 오래 산다

정신이 어둠의 제왕에게
잡아먹혀도
몸은 끝까지 살아서
할퀴고 뜯고, 그래도
밥을 먹고

손톱 긴 괴물이!

페르소나Persona

나는 오랫동안 빛을 빛내는 어둠과 충분히 즐거웠다. 입체적 풍경은 어둠과 분리불안을 앓고 있다. 낮에도 어둠이 달라붙어 있다는 사실. 빛의 비중보다 큰 어둠. 그래야 빛이 빛나니까. 내 얼굴을 보여주세요. 레이스 달린 상냥한 웃음을. 통제하지 못한 거인의 점멸하는 눈물을. 가스등 아래 미아의 불안한 흔들림을. 내 얼굴을 보여주세요. 매끈한 돌멩이 같은 흰 얼굴이거나 러브호텔 남몰래 드나드는 붉은 꽃 같은 얼굴이거나 악당 같은 관객과 악수하는 또 다른 악당의 얼굴이거나. 그러니까 생각을 성형한 종이 얼굴이거나. 나는 허무의 균열에서 진화한 빛나는 스펙트럼. 내 얼굴을 보여주세요.

오로라Aurora

우주에 벗어놓은 이름은 집시였다

극과 극에 이끌리는 떠돌이의 눈
어둠의 살갗 간질이는 깃털
체위 바꾸며 출렁이는 파노라마
춤추는 커다란 새
밤을 화장하는 보디페인팅
새벽을 여는 성자聖子
벨벳 날개 펄럭이는 여신

홀로 깨어난 장막帳幕에서
너를 불러내는 첫음절
오로라, 내 황홀한 사랑아!

소문

가끔 거울을 들여다보며
갑충을 보는 일은 익숙하다

단단한 껍데기를 깨물면 진액이
흘러나오고
혀를 밀어 넣어 게걸스럽게 맛을 본다

그도 그럴 듯이
늘 먹었던 내 밥상에 차려진
음식 맛이 아니다
그 맛이란 오묘하게 맛있다

순간 검은 입과 멍든 귀를 가렸다
나도 그들처럼
갑충인 것을 알아버렸다.

내일 이야기

아무런 이유가 있었고
아무렇지 않았어야 할지도 모른다

내일 이야기가 이렇다, 오늘
남부시장에서 양말 파는 그 남자
"필요한 것 있으면 갖고 오세요"
- 사내의 저 깊숙한 목구멍 속, 저 양말더미
  어쩌면 허깨비일지도 모른다

당신에게 주어야 할 것은 무엇인가
내게 필요한 것은 무엇인가
질문은 불분명한 테두리를 맴돌 뿐

세상 어디에도 신은 존재하기에, 그래
양말장수와 나는 그분과 잠시 마주한다
- 오늘 목숨의 끄트머리
  내일로 되돌리는 일에 대해서

하늘이 푸르다는 건 고요하지 않다는 이유

빛과 부딪히는 작디작은 무리의 몸짓
거룩하게 산란하는 하늘빛이
삼가 내일이
　　돌. 아. 사. 셨. 습. 니. 다.

봄이 올 때마다

내가 아이를 낳았으니 모를 리 없어요
경칩 지나서 3월
드디어 하늘에서 양수가 흘러내려요

흙으로 빚은 자궁 문 열고
머리를 쑤욱 내미는 아기
응애 -
터져 나오는 울음보
연둣빛 볼 어루만지면
까무룩 고이 잠드는

나뭇가지 마디마디
초로록
산통이 피어오르고
첫째가 꽃일지, 둘째가 잎사귀일지
왜 그리도 기쁜지
새들은 앙증한 부리를 모아
짹짹 잔치하는

봄이 올 때마다
나도 벚꽃처럼 아기를 펑펑 낳아서
방마다 예쁜 꽃망울 누이고
그 꽃망울 닮은 시를 쓰고 싶어요.

우 현 자

PART 3

- 막비시 동인
- 시와글벗문학회 사무국장
- 시와글벗문학회 동인지 제2집 『문장 한 줄이 밤새 사랑을 한다』, 제3집 『말의 향기』, 제5집 『詩人의 향기』, 제6집 『어떤 위로』 공저
- e-mail:fafsd@naver.com

제비꽃 철학

누구보다 하늘과 먼 자리에서 팔 하나를 들어 거리를 재보지만, 손끝에 닿는 건 무한의 공간이다. 낮은 키로 올려다본다는 것은 가장 단단하게 본다는 것이다. 빈틈없이 들여다보는 시선은 결코 높음이 부럽지 않게, 결코 작음이 아프지 않게 사실을 본다는 것이다. 자신이 있는 위치와 하늘의 위치 사이에 많은 것을 품고 쉴 수 있음을 몸소 보여주는 것이다. 대지와 가장 가까운 거리에서 낮게 낮게 낮은 자리를 고수한다. 거친 흙 속에 뿌리내리고 주어진 환경을 자신의 영토로 개척한 견고한 생의 마주함이다.

네 옆에 누워 시를 쓴다. 길을 걸을 때마다 바닥을 본다. 들려주는 너의 향기를 맡는다. 오늘도 낮은 자리에서 높은 곳을 바라본다. 대지의 낮음을 듣고 지상의 높음을 동경하며 일부러 가지를 돋지도 발돋움하지도 않는다. 그렇게 살아 본 적 있는가?

봄 컬러링

여자의 봄은
꽃을 타고 오지 않는다.
봄은 쌓인 먼지를 털어내며 피어난다.
봄볕이 살그머니 커튼 타고 넘어와 눕는 날
여자는 한겨울 밑그림 위에 채색을 한다.

남자의 셔츠는 하이얀 벚꽃으로 피고
아이 옷에는 개나리가 뛰어다닌다.
후리지아 원피스가 살랑거리며 피고
연둣빛 구두가 엉덩이를 씰룩거린다.
장밋빛 립스틱은 키스의 떨림으로 피고
푸른 물고기 아이섀도는 헤엄을 친다.
손톱엔 아기자기한 제비꽃이 피고
목련꽃 뽕 브래지어는 젖가슴을 안는다.

여자의 몸 안에는 봄바람이 넘실거리고
바람 든 여자는 그가 오는 꽃길을 걷는다.
지금부터 벌어질 페인팅 애정

너무 늦거나
너무 이르거나
봄.
  봄.
    봄.

진달래 영토

영토를 잃었다.
도심 속 화단 구석에 빛을 잃고 오그라진 한 잎

여린 꽃잎을 싸안으며 들여다본 순간,
‘진달래 먹고 맴맴……’
입술을 맞춘 유년의 노래가 스멀스멀 기어 나온다.

고향 산자락에 숨은 소녀들 달콤하게 물들인 소년
분홍 뺨을 몰래 비비며 종이 위에 쓴 어설픈 고백

낡은 연애 시는 이제 뒤엎은 영토 위에 마른 꽃으로 피고
알던 얼굴들은 낯선 도시로 빨리 사라진다.

잃은 것이 많은 나이다.
새로운 영토를 만들어 산다.

능소화
-J시인에게

그녀는 여행을 한다.
진해진 화장만큼 때늦은 탈 행위
-•57분
허공에 휘날리는 잿빛 눈가루를 맞으며
그 비릿했던 생의 맛을 확실히 느낀 후,
여물지 않은 배고픈 관능 속에
마른 젖가슴은 아이의 몫이 된 지 이미 오래다.
새벽녘에 떨어지는 빗방울은 카랑카랑 그녀를 훑어대고
몸의 세포들이 깨어나기도 전에 다시 널브러진 몸뚱어리
도시의 잿빛 온기 따라 질척질척 건너오는 빈 영혼의 말들
그녀의 걸음은 사막 위를 굽은 무릎으로 걷는 낙타가 된다.

아이야!
생生은 살아내는 거야
붉은 햇살 파고드는 담장 밖
제 모가지를 뚝뚝 따내는 저 핏빛 능소화처럼
잠시 별이 된 그를 꿈꾸듯
그 꽃의 운명을 기다리듯.

• 57분:J시인의 시제

시를 쓸 것 같지 않은 밤

불빛 머금은 빗방울이 톡-톡- 거리는 밤
핸드폰을 타고 습지에 빠진 목소리가 건너온다.
버려진 것보다 당한 것이 더 서럽다는
잘도 속을 수 있는 그 여자

　　　'……Love'
　　　　또 속으셨군요!

네 개의 글자 안 비밀
새로운 거짓을 본 것처럼
나이 헛먹었다.
알 만큼 알았다 했는데……,
비 맞고 뒹구는 우산만큼이나
뱃속을 휘젓는 습기 어린 고백이다.
피다가 비 맞고 떨어진 몸으로
스르륵 끓여낸 피멍 든 무릎은
당차도록 살아낸 시간들이다.
살아내 보이고 싶었던 사랑

시작했던 것들의 무모함은
묵묵히 헛것을 본 듯 허허허 한
함부로 열어 보일 수 없는
숫자로 만들어진 머리에
너도나도 그러했다고
슬프지 마셔요. 이런 밤에도
꽃은 피는 것을.

노숙하는 노인

동네공원에 외다리 새 한 마리가 땅을 쪼아댄다.

새벽부터인지 아니면 지난밤부터인지

한자리를 떠나지 못하고 먹이를 찾는다.

질기디질긴 빛살은 등짝에 쏟아지고 날개를 접는다.

새가 품은 땅은 외다리 발바닥 만큼이다.

마른 먼지 부석거리며 흙바람 이는 땅은

다리를 잃고 걸어야 할 하늘이 되었다.

하늘이 된 땅에서 날기도 하고 젓기도 한다.

새는 외다리 발바닥만큼 씨앗을 심는다.

두 다리가 되기도 세 다리가 되기도 한다.

하루치의 밥을 먹고 하루를 난다.

최선의 날갯짓이다.

·別

첫 만남의 자리에
생생한 꽃송이로 인사를 대신한다.
잿빛으로 흘러내리는 향초의 눈물은
남겨진 정한情恨의 날을 알려주며
질기고 가녀린 연기의 마지막 춤은
유유히 이생의 남겨진 자를 가른다.

검은 액자 속 망자의 웃음은
남겨진 자에게 주는 유언장이다.
죽은 자의 생과 산자의 생이 겹치며
환송을 하며 환송을 받는 교차로
남은 자의 시간 속에 그는
남겨진 생을 더하여 위로한다.

주고받는 투명 액체 위로
기억들이 부유하며 찰랑거린다.
이별한 자들을 끌어모으며
앞으로의 이별을 준비해본다.

기억을 더듬거리며 남겨질 빈자리까지
꼭 추억하며 한 번은 울게 한다.

이별한 자의 흔적을
주머니 속에 담고 다니며 꺼내 본다.
미처 전하지 못한 미안함이
오래도록 빛바랜 사진으로 남아있다.
위로하고자 만난 자리에서 오히려
위로를 받는다.

• 別(나눌 별):헤어지다. 따로 떨어지다. 떠나다.

산란産卵의 계절

길고 긴 여행을 기웃기웃 걸음으로
얼마나 먼 길을 걸어온 건지
한 번 걸어 나올 때마다 백여 개의 알을 품고
그 길을 한 열 번쯤 오른다지
지층에 끼여 돌무늬가 되기도 하는 넌
원시적 천일의 그리움을 끌어안는다지
조상의 조상 때부터 그렇게 살아온다지
목처럼 길게 늘어진 길기만 한 기억 한 줄
그저 보고 싶다는 이유 하나였다지
공주를 구하는 •돈키호테의 이상으로
두터운 등껍질의 갑옷을 입고
먼 순례의 길을 걸어 도착했다지
그러나 어디에도 그대 없는 세상
뜨겁게 내리쏟는 화살촉이 박히는
까칠한 모래 무덤 아래
등껍질 벗고 전라全裸로 말라지는
화석化石 꽃무늬 바위무덤 기어 나와
구전의 말이 전설처럼 떠오르는 봄 바닷가

갈라지고 터지는 알들의 소리에

홀로 터오는 신음

* 돈키호테:세르반테스의 소설이자 주인공.

이 경 미

PART 4

· ≪대한문학세계≫신인문학상수상 시 등단
· 시와글벗문학회 총무, 창작문학예술인협회 정회원, 대덕 시낭송회 정회원
· 대덕 시낭송대회 2016년 대상 수상
· 시와글벗문학회 동인지 제5집『詩人의 향기』, 제6집『어떤 위로』공저
· e-mail:spring7414@naver.com

거짓말

소곤소곤 내려와
쌓인다
수군수군 내려와
덮는다

하얀 거짓말로 덮으면
보이지 않을 줄 알았지

녹아내린 거짓말 아래
드러나는 검은 진실
미안해 보고 말았어.

고향집

혼돈의 계절
모든 것이 물음표였던 딸이
반생을 돌아
당신 앞에 섰습니다

아직 옛 모습 간직한 집엔
불러도 대답해 줄
낯익은 이름들은 없기에
속으로 가만히 부르는
그리움의 꼭짓점에
'어머니' 당신이 계십니다

대문 옆 당신이
문패처럼 심어놓은 라일락
잘린 그루터기
새순이 자라나
향기로운 흔적 날리고

어디에도 풀어내지 못한

당신의 가슴속 피멍 진
덩어리 덩어리
백합으로 뿌리내려
당신 닮은 흰 꽃 피워올렸습니다
당신은 백합 가득한 침실에서
꽃향기에 취해 죽고 싶다 하셨지요

어머니,
당신이 살고 싶어 했던
그림 같은 집
꽃과 나무가 가득한 집
그 속에 어머니의 숨결 가득한데
이제 우리 집이 아니네요
당신도 없으니 집이 무슨 대수일까만
빈손으로 돌아온 중년의 딸은
어머니,
당신께 이리도 죄인입니다

그리움

봄소식에
창문을 열고
겨울을 털어낸다
앵초 화분을 들어 올리니
겨우내 자리한 화분의 자국
한 계절 지나도 흔적이 남는데
십 수 년 이어진 사랑에
어찌 흔적이 없을까
오늘도 너의 흔적
진한 그리움으로 남아
락스 같은 눈물을 뿌려도
지워지지 않는다.

초심

어디다 잃어버렸을까
투명하게 반짝이던
떨림

다시 찾을 수 있을까
그 단단하던 각오

칼의 기억

기억은 언제나 날 선 칼이 되어
심장을 겨냥한다
설거지하다 불현 듯
신호를 기다리다 언뜻
길을 걷다
스쳐 가는 젊은 남자의
낮은 목소리에 철렁
기억은 기억을 불러오고
청보리 아지랑이 너머 어른거리는
어머니의 앞치마와 흰 머릿수건이
언제고 부르면 달려오던 키 큰 아들의
저녁 해를 다 가려주던 어깨가
그 다정하던 기억들이
어느 순간 홀연히 뒤를 돌아
날카롭게 심장을 찌른다
창밖 늙은 벚꽃나무
하르르 하르르
꽃 피던 기억들을 내려놓을 때
나무는 자꾸 거기가 아프다.

풀꽃

상처를 받을 때마다
가시를 키웠다면
사막의 선인장이 되었겠지요
상처가 가시가 아닌
뿌리로 자라
안으로
안으로
마음을 키워 갔기에
동짓달 언 눈물
꽃바람에 녹아내릴 때
작지만 환하게
웃을 수 있었지요.

탱자나무 그늘 아래서

수리수리 마수리

도토리 때때 굴
가을 산길에
노랗게 향기 탱글한
탱자 울타리

세 살배기 딸아이
"엄마! 수리수리 마수리"
"울 수진이 노란 공 갖고 싶어?"
끄덕이는 딸의 눈이 초롱초롱

눈을 뜨면 안 돼요
"수리수리 마수리"
"공 나와라 뚝딱!"
울타리 탱자 하나 얼른 따서

눈 감은 딸아이 코앞에 대면
꽃처럼 웃으며 튀어올라

내 목에 매달려 탱자처럼
향기롭게 속삭이던 딸
"엄마 최고야!"

횡당보도

이 길과
저 길을 이어주는
한 생과
한 생이 교차하는
수많은 생의 질주가
이어지는 그 길에
잠시, 약속처럼
파란불이 켜지고
너를 내게로
나를 네게로
이어줄 길이 열린다
빨간불이 켜지기 전에
나는 너에게 가고 싶다
내게로 달려오는
너를 만나고 싶다.

이 현 주

PART 5

· ≪대한문학세계≫신인문학상수상 시 등단
· 조선대학교대학원 문예창작과 석사과정 재학 중
· 시와글벗문학회 동인, 대한문인협회 회원
· 시와글벗문학회 동인지 제6집『어떤 위로』공저
· e-mail:prologue3364@naver.com

새벽비

숨 막힐듯한 뇌성, 가슴을 헤집고
끝도 없이 님의 선율을 걷는다
마치 외줄을 타는 곡예사처럼
사랑을 향한 다가섬
달무리를 만드는 가로등 불빛에
미명을 펼치는 월광 소나타
낮은 음계 파열하는 소리
춤추는 음표, 그 결에 올라타
새벽 4시, 그의 품에 안긴다
어떤 기다림인지 알 것 같은
무엇이 사랑인지 알듯 싶은

폐가廢家

빼꼼히 머리만 내밀고
여름을 사는 집
큰 키를 뽐내며 무성해진
진초록이 집채를 삼켰다
나이 들어가는 게 어디 사람만인가
세상 위에 살고 있는
모든 것들은 세월 밥을 먹는다
죽음을 향한 끼니라 했던가
나이만큼의 애잔한 기억들만
수북이 담고 쓸쓸히 터를 지킨다
사랑을 잃고
덤불같이 가벼워진 몸을
가까스로 지탱하면서

어머니가 삶아 온
감자 바구니가
고사리 어린 손에 의해
삽시간에 비워지던 그 날
설날 세배를 하기 위해

두근두근 뛰는 가슴으로
나란히 줄을 서던 그 날
마치 내 안의 다락방이 살아온 듯
나는 옛 기억을 오르고 있었다
가만, 가만, 가만히
후미진 어둠 속을 뚫고
어렵사리 길을 내어주는 달빛
심장이 되어 그리움에 투영된다

Sometimes

행복이 샘물처럼 넘쳐흐를 때
그 마음 채 들어앉기도 전에
슬픔은 성난 파도처럼
밀고 들어와 눈을 흘긴다

어제란 시간이
오늘이란 시간이
내일이란 시간이
똑같은 세상 어디 없을까

행복이 내 것이었을 때
슬픔이 좀 멀찍이서
걸어와 준다면 얼마나 좋을까

시곗바늘의 움직임이
멈출 수 있도록
나뭇가지에다 실을 매달아
꽁꽁 묶어 두고 싶은 날

때때로 멈춤을 원한다

길 위에서

기쁨과 슬픔
삶과 죽음 사이의 공백

우리는 부여잡기 위해
얼마나 애쓰며 살아가는가
살아내고자
잔잔함의 파동이 일렁이는
물결이 되어 강을 건넌다

때로는 거칠게
때로는 여리게

투명한 밤 수로水路를 비추는
가로등 불빛은 흔들리고 있다
살아있음을 알리려
별빛에 반짝이는 물빛 희망가

잃어버린 일상

젖어 있고 싶었다
그녀도 비를 맞은
저 나무처럼 풀꽃처럼
퇴색된 아스팔트가
짙게 물들어가는 길목에 서서
먼지를 재우는 비가 되고 싶었다

아침이 오는 시간도
저녁이 오는 시간도
그토록 달콤했던
밤의 시간도 다 잃고
심장이 없는 허수아비처럼
그저 멍하니 두 팔만 벌리고
텅 빈 들녘을 지키는 허허로움

지우고 내려놓아야 한다는 것은
버리고 침묵이어야 한다는 것은
여전히 힘겨운 일이었음을

늘 시작이라는
새 아침을 맞이하면서
새로운 먹잇감을 찾아 떠나는
어미 새의 마음처럼 살아야 함을
잠시 잊고 있었을까
청승맞은 여자의 마음속에 자라는
상념의 싹을 뽑아내야 할 텐데

어째서 가만히 있어도 눈물이 나는 것인지

축령산 편백숲을 걸으며

숲이랑 걸었습니다
청명한 햇살이 손을 내밀어
새어 나온 상처를 여미어줍니다
멍들었던 마음을 지우는
숲은 사랑입니다

바람이 불었습니다
나뭇가지가 잎을 흔들어
다닥다닥 매달린 상념을 자릅니다
어둠의 그림자를 삼키는
숲은 치유입니다

새들이 날아왔습니다
흥겨운 노랫소리가 들려와
군중 속에 따라붙던 먼지를 텁니다
새롭게 정신을 들이는
숲은 희망입니다

가슴을 열었습니다

맑은 공기를 한가득 마시자
두통이 사라지고 눈물샘이 투명해집니다
맑음의 싹을 키우는
숲은 건강입니다

여름의 온도

창문 가까이 다가온 너
와락, 포개어지는 열정의 입맞춤에
움찔, 다가오지 마라
너의 사랑을 기꺼이 밀어냈으나
창은 부서지고 조각난 햇살무더기
기어코 들어와 온몸에 안긴다

저마다 영글어가는 유실수들은
바람에 서걱대는 들판의 벼들은
갓 사랑을 시작한 은사시나무는
너를 반기며 행복을 노래하고
햇살의 애무에 노을 꽃을 피운다

불길 같은 사랑이 부담스럽다던
사람들 틈 날 선 소외에도
뜨겁게 달아오르는 너의 열정
닫힌 마음을 뚫고 오늘도 일어선다

별빛마저 이글대는 격정의 온도

그 끝에 걸어오는
빛나는 가을의 소리 있음이
그대여 들리는가!

장미의 사랑

계절을 돌아온 에움길
숱한 인고의 시간
내 몸 안으로 안으로
상처를 품고 솟은 가시는
겹겹이 쌓아 올린 사연을
당신의 심장에다
한 잎 한 잎 모았습니다

초록 줄기의
잎에 쌓인 그리움
비바람에 흔들리고 흔들리다
맑은 날 햇살처럼
물비늘 반짝이는 호숫가
비로소 당신의 숨결에
나는 백 겹의 사랑으로 피어납니다

장 선 경

PART 6

· 베스트학원 원장, 전 강남동아학원 대표강사
· ≪현대시선≫신인문학상수상 시 등단
· 시와글벗문학회 동인, 현대시선작가협회 총무국장, (사)한국문인협회 회원
· 시와글벗문학회 동인지 제5집 『詩人의 향기』, 제6집 『어떤 위로』, 동인집 『가을 편지』 공저 外 다수
· e-mail:cathy3348@hanmail.net

오후의 온도
-기타 연주하면서 쓴 시 노래, 작곡을 위한 시

길에는 도란도란 이야기 선율이 펼쳐지고
저마다 웃음소리 꿈틀대네요
거리의 하품하는 사람들, 눈 감고 들어봐요
달도 별도 숨지 말고, 리듬에 안겨봐요
•C,F의 물결이 당신의 귀를 간질러줄게요
굶주린 아랫배가 아닌 텅 빈 가슴 채워줄게요
겨우 한 곡 듣고 가지 말아요
encore song까지 듣고 가세요
새벽 같은 당신의 온도가 오후가 될 때까지
행복을 손가락 사이로 흘려보내요
초가을의 살랑거리는 바람과 낭만적인
기타 연주로 몽글몽글 사랑이 피어나게요
이 순간, 따뜻한 거처가 되어줄게요
돌아가요 우리. 유년의 집으로.
꽃잎처럼 날아 봄날 맨가슴 두들겨
청춘이 된 지금, 날마다 봄날이네요
우리 그렇게 살아요.
우리 그렇게 살아요!

• 기타 코드의 일종

너는 나의 지구다

천리 밖까지 어-엉차 어-엉차
삶을 향한 힘찬 날갯짓

꼭 쥔 손
오므린 입술

초롱불 밝히듯
모든 눈동자를 이끈다

낯설지만 황홀한 파랑새
네 얼굴은 다채색 팔레트다

달이 지구 곁을 회전하듯
나는 너를 중심으로 자전한다

가장 낮은 곳의 날갯짓이
세상 가장 높은 곳을 비추기에

사랑은 낮은 곳에서 시작한다

삶을 공유하기 위한
生의 연결고리

너는
나의 지구다

너에게 아늑히 안겨
차고 또 차오르는
달이 되는 밤이다

* 탄생1에 이은 연작시 탄생2. 2018년 2월 23일에 태어난 손주 안지호를 바라보며 쓴 시

비의 풍경

빛나는 방울
음표 튀듯,

여우비 발끝에
살며시 물들어

우산 속에 숨은
나를 깨우고

물안개 살결에
걸음 종.종.종

살며시 아스라이
아스러진 코스모스

진홍빛 새댁 볼마냥
수줍은 얼굴

빗속에 고이는 건
그대뿐.

비 갠 뒤 무지개
사라질까 두려워

철벅거리며 건네
철퍽거리며 건네

흩날리는 것의 아름다움

눈 한 송이
　허공을 팔
　　　　랑
　　　　　거
　　　　　　리
　　　　　다
　　　　가
길 위에 앉았네
삶과 죽음을 쓰다듬으며
눈부신 햇살에 말 건넨다
세상을 메우며
하이얀 몸짓으로 군무를 추듯
너는 더디게 더디게
여행을 떠난다
작은 나뭇가지 위에 잠든
이토록 시린 온기가 너였구나
흩날리며 피는 꽃.
겨울을 알리는
알알이 박힌 눈: 동자

가을엔 편지를 쓴다네

가을엔 편지를 쓴다네

우리 집 뜨락 위
고추잠자리 책갈피 삼아

수채화 품은 산야에
은행잎 편지지 삼아

글귀 바람에 맡기고
가을엔 편지를 쓴다네

하늘에 붉은 노을 수 놓이듯
한 글자 한 글자 채워질 때

가랑잎 타고
너에게로 가는 이 마음

그림자도 편히 쉬는 가을
이 가을엔 편지를 쓴다네

온종일 편지를 쓴다네

별의 노래

하늘에 저 별 따다 임에게 드리리
많은 이들이 부른 꿈같은 사랑 노래
허나 아무도 별의 주인이 되지 못했다

차갑고 어두운 성간에서 태어났지만
온 우주를 뜨겁게 달구는 별
뜨겁고 시린 푸르른 한 줄기 빛

하늘에 박힌 별.
가슴에 박힌 이별.
별과 이별의 반갑지 않은 조우

하늘에 저 별 따다 님에게 드리리
열어젖힌 별 보나니
맺히는 건 은하수 눈물이다

별이 쏟아진다
눈물이 쏟아진다

이별이 왔다

차茶를 마시며

옆구리에 묻힌 근심들
한 입 가득 후루룩

옛 친구와 기울이는
더 깊고 영롱한 향기

꽃 띄워 마시는
한 잔에 담긴
거룩한 웃음

그리움이 이야기가 될 때

파도가 펄럭거리는 푸른 안식의 밤
노을 물든 구름과 별빛을 친구삼아
밤바다는 소멸 없이 영원하다
아이의 숨소리에 새근거리듯
나는 어느새 바다 이불 덮고
당신 품에서 잠이 든다

•바벨탑에서 화살을 쏜다 한들
너라는 신에겐 결코 닿을 수 없나니
손가락 사이로 흐르는 초승달은
금장처럼 박혀 그리움 조각을
끌어안을 뿐이다

청량한 바다에 위로받으며
그리움을 지워나가리
살며시 묻어보련다
그때의 떨림, 순간의 파장을
파도 소리 한 움큼 쥐고.

• 구약성서〈창세기〉에 등장하는 이집트의 고층 건축물. '바벨'은 히브리어로 신의 문이란 뜻으로 꼭대기가 하늘에 닿는 탑.

전 영 탁

PART 7

· 아호:다빈, 대구 출생
· ≪청일문학≫ 시 등단, ≪오은문학≫ 수필 등단
· 시와글벗문학회 동인
· 시와글벗문학회 동인지 제6집『어떤 위로』外『나비 날다』,『꽃 피다』,『꽃, 향기로 말하다』등 공저 다수 있음
· e-mail:cyt5155@naver.com

시월이 오면

해 질 녘
늙은 소나무에
푸른 달이 매달렸다
가을은 푸른 달에 취하고
넌 가을에 취하고
난 내게 취했다

시월이 오면
낯선 길모퉁이에서
우연이라도 너를
만날 것 같다.

까치밥

초저녁 일찍 뜬 달이
사립짝을 기웃거리면
감나무 우듬지에
홍시 하나 달랑
서창을 열어두니
풍경처럼 보이누나
바람 불어 떨어지면
붉은 가슴 터질 텐데

시나브로 가을은
겨울을 닮아가고
어느새 이른 어둠에
옛집은 잠이 드니
어디선가 푸드득
날갯짓 소리
아낙의 하늘에
까치소리 들린다

메밀꽃 향기

잔뜩 이고
그리운 사람이
찾아오나 보다

고드름

미리내 한 동이
서창에 올려놓고
달빛 한 줌 버무려서
호롱에다 담아
어스름에 불 밝히니
정화수 한 사발에
자식 걱정 담으셨네

언제나 돌아보면
보이는 그 자리에
사랑이 흘러내려
고드름이 피거든
어미의 한숨이
거꾸로 매달린 줄 알아라.

천년지애

천 년을 기다려온
백 년도 안 되는 인연
못다 한 사랑은
다시 천 년을 기다려
만날 수만 있다면
그대 오는 길목에서
작은 등불 하나 들고
기다리겠소.

밤꽃

지는 해가 감나무 우듬지에 걸리는
해 질 녘에
밤꽃이 하얗게 피어
향기가 진동하면
•스퍼민이 만들어내는
독특한 향기에
날아온 벌들이
웅 웅 거리며
산골을 뒤덮고
달빛은 구름을 비껴가며
옷고름 푸는 아낙네들의
실루엣을 훔쳐보는데
사립짝에도
사랑채 안에서도
밤꽃 향기에 취한 여인네들의
거부할 수 없는 도발
달은 휘영청 밝아
애간장을 다 태우는데
무심한 서방은

옆구리 쿡 쿡 찔러도
코만 드렁드렁 골고 있더라

밤꽃만 저리 흐드러지게
피고 있음 뭐해
내년에도 늦둥이 보긴
틀렸나보다.

* 스퍼민(spermine):남성 정액과 흡사한 냄새를 만들어 내는 밤꽃의 물질.

봄 여름 가을 겨울 다 사랑이더라

남자 여자가 만났는데
좋은 날만 있겠는가
웃는 모습
우는 모습
화내고 짜증 내도
지나고 보니
다 사랑이더라

비 내리고
천둥 치고
바람 불어도
꽃은 피고
봄볕 쏟아져도
꽃은 진다
봄 여름 가을 겨울
보고 싶고 그리운 마음
늘 한 가슴 가득한데
돌이켜보면
어느 하나

사랑 아닌 게 없더라
다 사랑이더라.

첫사랑

눈물이 말라도
꽃은 피고
바람이 없어도
낙엽 지는데
잊힐까 두려워
두고 온 마음
가슴에 품었던
빛바랜 사진 한 장
이제 훠이 훠이
날려 보낸다

동전에 띄우는
그 겨울날의 사랑 이야기
그날처럼
함박눈이 펑펑 내려도
돌아오지 않는 사랑

첫사랑이 아리다

우리는 공범입니다

당신은
내가 이 세상에서 훔친
가장 큰 장물입니다

당신은
내 마음을 몽땅 훔쳐 간
가장 큰 도둑입니다

장물아비와 도둑은
공범입니다.

전 은 행

PART 8

· 부산 거주
· ≪대한문학세계≫ 신인문학상 시 등단
· 시와글벗문학회 동인
· 시와글벗문학회 동인지 제6집 『어떤 위로』 공저
· e-mail:sabena720@hanmail.net

/
어떤 위로
어떤 바람
어떤 생각
어떤 눈물
어떤 사랑
어떤 여자
어떤 하루
어떤 그리움
/

어떤 위로

고단한 팔을 꺾어
잠을 청하는 어떤 날은
아침이 오지 않았으면 한다

오월 나뭇잎같이
푸른 너는
구월 황금 들판같이
눈부신 너는
종잇장보다 조금 질겨
때론
무참히 구겨지기도 한다지

천근같은 무게로
힘겹게 내려앉은 눈꺼풀
온몸에 흐르던 열정의 진액이
손끝으로 빠져나가는 시간
홀연히 주머니 속
힘 있게 만져지는 그것
빠닥빠닥한 실체

어떤 위로가 이만할까?

어떤 바람

한 남자가
바람을 보내왔어요
알알한 가을바람 말이에요
순식간에 몸이 반응했지요
바람이 몸속 생각들을 깨웠거든요
며칠 전부터 나는
언어의 반란을
잠재우고 있었어요
그래요
낮에 들었던 칼을 내려놓았어요
이제 피가 흐르지 않는
고기를 썰지 않으려고요

밤에는 의식적으로
바람 소리를 들어요
바람은 마음 깊은 곳을
파헤치기도 하고
표정도 없는 호흡을 간섭하기도 해요

온몸에 피돌기가 달라졌어요
소름이 돋았거든요
심장 소리가 빨라졌거든요
마치 당신을 처음 받아들이던
그때처럼요

그런데 이상하죠
바람이 일지 않는
고요한 날에도
내 마음에는
늘 바람이 불어요
바람이

어떤 생각

당신 생각으로
가득 차는 날이 있습니다
가슴을 요동치게 하는
그 그리움의 끝을 몰라
나는
자꾸 헤맵니다

고요한 밤이면
걷잡을 수 없이 커지는
생각의 줄기들
자르고 또 잘라내도
쭉쭉 뻗는 욕망의 조각들이
나를 점령하여
이 밤
나는 당신 생각으로
발갛습니다.

어떤 눈물

깊이를 알 수 없는 게
어디 마음뿐일까?
하염없이 얼굴을 타고 흐르는
짜고 뜨거운 저것은
얼마나 깊은 곳에서 퍼 올렸기에
이토록 정제되어 맑은 것인가?

저것의 농도를 무엇으로 측정할까?
가늘게 파인 주름 사이로
흘러드는 저것이
누군가 무심히 흔들면
넘쳐흐르고 말 저것이
내 마음에도 길을 내고 있다.

어떤 사랑

밤마다
형체도 없는 시詩와
사랑을 나누다가
내 몸이
불덩이가 되었어요

사랑이라 쓰면 사랑이 되고
안고 싶다 쓰면 격렬해지는
뜨거운 심장이 되었어요

하룻밤에
명왕성을 몇 번이나 갔다 와도
만족하지 못하는
시詩 같은
여자가 되어버렸어요

한 번 빠지면
헤어나오지 못하는
치명적인 사랑

한 줄 한 줄 쓰고 나면
심장이 터질 것 같은 사랑
이런 사랑이
밤마다 찾아와요.

어떤 여자

한 여자가 있다
낮에는 밥을 짓고
밤에는 시詩를 짓는 여자가

하루 종일
남에 밥상을 차리느라
정작 자신의 끼니를
늘
놓치는 여자가

미소로 포장한 하루를 다 보내고
집으로 돌아오는 허망한 길에는
•부애를 내며 투덜거리는 여자가

때때로 비수와 같은
날카로운 문장에 베이기도 하고
불같은 문장에 화상을 입는 여자가

부애 쯤이야

딱딱한 어깨쯤이야 하며
연신 힘! 을 외쳐대는 여자가

깊은 밤
고이 접어둔 대단한 문장이 부러워
눈 반짝이며 잠 못 드는 여자가
여기 있다.

• 부애(肺-폐):'부아'의 강원, 경북, 제주 방언.

어떤 하루

시詩가
온몸으로
들어오는 날이 있다
그럴 땐
허허로운 내 마음이
줄을 당기듯 탱탱해진다
온몸의 세포들이 꿈틀거리며
곱게 누운 잔털이 선다

머리에서 가슴으로
마음에서 혈관으로
시가 파고들면
순간
사물이 말을 건다
문장이 떼 지어 온다

그땐
시를 써야 한다
눈물 나는 시를 써야 한다

그리움의 시를 써야 한다
환희로운 시를 써야 한다

누군가의
촉수를 자극하는
무릎을 치는
그런 시를 써야 한다.

어떤 그리움

여자를
관통하는 것이
어디 남자의 그것뿐이랴!

어느 가을날
저
밑도
끝도 없이
파고드는
그리움 하나
가슴 한복판을
끝내 관통하고 만다
.
.
출구도 없는데

정 상 화

PART 9

· 아호:봄결, 울산 울주 배내골 농부시인
· ≪대한문학세계≫신인문학상수상 시 등단
· 시와글벗문학회 자문위원, 대한문인협회 울산 지회장
· 2017년 한국문학 우수상 수상
· 시집 『스스로 피어짐이 아름다운 것을』, 『산다는 것은 한 편의 詩』와 시와 글벗 동인지 제1집 『그대라는 이름 하나』, 제2집 『문장 한 줄이 밤새 사랑을 한다』, 제3집 『말의 향기』, 제4집 『그대 올 때면』, 제5집 『詩人의 향기』, 제6집 『어떤 위로』 외 다수 있음
· e-mail:shj7491@naver.com

유월의 산야

이 골짝
저 골짝
농염한 치마 속
난리 났네
정신 줄 놓고 신음하는
열정들 보게나

터질 듯 익은 보리싹
문드러지게 한 뜨거운 사랑은
재가 되어 새로운 씨앗을 뿌리니
어찌 미움이 있을까

속일 수 없는 붉은 마음
가슴 비집고 삐져나오니
어쩌라고
난 어쩌라고
참말로 환장하겠네.

가을에 읽힐 詩

농부가 논바닥에
염원을 담아 詩를 쓴다

한 줄은 어무이 병원비를 위해
한 줄은 아들 장가 밑천을 위해
한 줄은 딸아이 출산을 위해
한 줄은 가난한 이웃을 위해
한 줄은 시집 출판을 위해
마지막 한 줄은 자신의 삶을 위해

섣부른 욕심은 독이 되니
자연의 순리 따라 애정을 쏟고
사랑하며 비워진 가슴에
숱한 것들을 품어낼 수 있는 여유로움으로
아낌없이 주고 나면 탈고될 땀으로 얼룩진 詩

단 한 번의 외도

너를 본 순간
심장이 멎어 움직일 수 없네
뇌살적 노란 가슴 흔들며
덤벼드니 당할 수밖에
최고의 흥분 상태
가쁜 숨 몰아쉬는
비명의 유혹에
심장을 찔리는 순간
아!
나도 남자구나

어머니라는 꽃

삽질하는 가쁜 호흡 속으로
빨려 들어온 인동초 꽃향기로
당신 삶을 그립니다

꽃의 이쁨 저편에 얼어붙은
시린 손의 고통이 있었음을

뇌살적인 살내음의 유혹은
겨우내 곰삭은 가슴이 녹아있음을

2년을 물속에서 스물다섯 번
껍질을 깬 하루살이 날갯짓 같은
금은화金銀花의 그윽함

인동 차 향기에 배인
줄기의 질긴 생명력의 혈관은
곱이곱이 당신 심장을 지키고

당신의 맨손이 만병통치약이듯

인동초도 그러하니
저도 인동초 꽃처럼 살고 싶지만

인동忍冬으로 살기엔
너무 아파서
이름 없이 피고 지는
풀꽃으로 살래요

풍경이 있는 삶의 순간

모내기철이라
마음은 바쁜데
트랙터 논 고르며
찔레꽃 향기에 유혹되고
아카시아 향기에 취해
논두렁 만들며 삽질하니
밤잠 설친 탓에
땀이 등골을 타고 내려
논둑에 주저앉아
푸르른 오월 속에 졸고 있는데

"상곡댁 아들요"
앞집 할머니 꼬부랑 허리로
먼 산답까지 찾아와 부른 사연
이앙기 고장 나 모심어 달랜다
남의 속도 모르고 참
거절하려다 할머니 표정 보니
옷은 땀에 젖고
얼굴은 눈물 거렁하네

논 세 마지기
한 시간 반을 빼앗기고
"고맙데이" 하시며 만 원을
더 주신다

삶이
아름답다고 느껴지는 순간
우리, 아름답게 살아야 해
그래야 시도 아름다우니까
목숨 꽃 지는 순간까지
사람의 향기로 살아야지

가진 게 적다고
마음까지 적겠는가
삶은 오월의 들판에 가슴
살짝 흔들어 놓는
찔레꽃 향기 실은 바람인 게야

아름다운 삶의 유혹

가녀린 꽃대 위에
수줍은 반짝임으로 남정네
가슴 끌어당겨 눈 맞추게 하네

낮추는 겸손
바람이 멈추는 순간 퍼지는
은은한 향기로
부끄러운 마음 씻어 내며
품격은 보여 지는 화려함이 아닌
내면의 향기에서 만들어진다는
해맑은 속삭임

자신을 위한 삶보다
함께 살아감을 노래하는
땅에 뜬 별꽃

평생 부대껴도 잊히는 인연이
있는가 하면
하루를 함께한 그리움이

평생 기억 속에 맴도는 것은
겸손의 향기 때문

보아 달라 매달림 없이
소리 없이 사라져도
기억 속에 잊히지 않고
가끔 떠오르는 별꽃이고 싶다.

꽃이 하는 말

수선화 고움에 서성이며
지는 순간 아쉬워하는데

수수꽃다리 향기 스침에
수선화 말라붙은 흔적마저 아름다우니
꽃밭의 요술로 간사함이 합리화되는 순간

꽃비 내리는 길을 따라
이별의 흔적을 남기고
타는 복사꽃은 또 다른 인연의
끈으로 묶으니

가슴에 사연도 다르고
만남과 이별도 다른
자기만의 때 자기만의 방식대로
흘러감을 바라보는 무심의 강

연록으로 꼼지락거리다가
바삭임으로 와드득 떨어지는

순리의 삶을 모른 척 걷는 우리

때를 알고
피고 짐이 저렇게 고운 것을
진다는 것
사랑의 완성이라는 이름
진다는 것
또 다른 만남의 시작임을

죽은 금붕어를 헤엄치게 하는
시인이라 할지라도
봄을 삼킨 언어 배반하지
말라 하네.

5월의 덩굴장미

비를 맞고 선 장미
막 샤워를 끝낸 아낙네
젖가슴처럼 퍼덕거려도
논두렁 아래 별꽃 같은 유혹은 없으니

아픔이 자라 슬픔이 되고
슬픔이 쌓여 눈물이 되고
눈물이 응고된 가시가 되었을까
왠지, 다가설 수 없는 마음

시퍼런 낫에 베여
펑펑 솟구쳐 떨어지는 핏빛
심장의 움직임 따라 울컥울컥
토해내는 주체할 수 없는 끼

붉은 슬픔으로 시들어도
도도한 향기는 그대로이니
넌 분명
심장을 관통당한 5월의 영혼으로
부활한 게야

조 충 호

PART 10

· 충남 논산 출생
· 삼풍하이테크 대표이사
· ≪서정문학≫ 신인문학상수상 시 등단
· 시와글벗문학회 동인, 한국문인협회 정회원, 서정문학 운영위원, 문학愛작가협회 자문위원, 다솔문학 고문, 시문학창작 동인, 곰솔문학회 자문위원
· 시와글벗문학회 동인지 제6집 『어떤 위로』 공저
· e-mail:sphicch@naver.com

/

/

첫눈 내리던 어느 날

하얀 그리움으로
밤하늘 별 헤이며
고운 달빛으로 다가온 당신

가을은
그렇게 첫사랑 설렘으로
겨울 눈꽃에 자리를 내어준다

아직은
가을향기 품은 첫눈을 보면서
내 마음은 그렇게 익어가고

내가 가는 그 길에
은하수 수놓은 세월 속으로
하얗게 나를 그려놓는다

내 마음 자연 같아라

봄 한 줌을
가슴에 담고 싶어
나지막한 뒷산에 오른다

뜬금없이 들이닥친 삭풍에
겨울과 봄이 뒤섞여
꽃망울 터트린 꽃들이 안쓰럽다

서둘러 온 봄인지
겨울의 끝자락인지
혼돈의 시간이 지나가고 있다

혼탁한 이런 세상보다는
매화 향기 흩날리는
봄바람 로맨스가 정겨워진다

새싹은 추위를 이기고
꽃망울 찾아가는 꿀벌들처럼
내 마음도 자연 같아라.

내 삶이 그린 풍경

보아라!
길섶 풀꽃들의 속삭임을
갈바람 실개천 따라 그리움 부르고
서정이 깃든 삶 은둔의 시간은
곰삭은 차향으로 다가온다

피할 수 없는 운명이라면
산모퉁이 쉬어가는 흰 구름에
미운사랑 고운사랑 걸어두고
바바리코트에 긴 머리 쓸어 올리며
가을향기 품은 그대를 바라본다

비움으로 다시 채우는 들녘
풀잎에 맺힌 가을비가 스산하다
아픔과 가난의 어색한 산수화처럼
저무는 석양 바라보며
막걸리 한 잔에 자유로운 삶이고 싶다.

그대와 함께라면

풋 내음 그윽한 어느 봄날
그대와 함께라면
그윽한 인연으로 다가온
그대 향기에 취할 수 있어 좋겠소

비 오는 날
창이 있는 찻집에서
그대와 함께라면
그대 고운 마음
가슴에 담을 수 있어 좋겠소

소슬바람 가랑잎 흩날릴 때
그대와 함께라면
가난한 내 인연의 끈
그대 그리운 향기로
지친 영혼을 안식할 수 있어 좋겠소

눈 오는 날
그대와 함께라면

향긋한 커피 향이 아니라도
하얀 눈꽃 아름다운 사랑을
그대 가슴에 안길 수 있어 좋겠소

뭉게구름

푸르러 좋은 하늘
물감을 쿡 찍어 풀어보자
태양은 붉은 연정을 잉태하고
산과 들은 초록으로 싱그럽다

가슴에 파고든 아카시아 향기
바람결에 일렁이는 보리밭
하얀 찔레꽃 핀 둔덕에
그대 숨결 가득하다

물처럼 흐른 날들
억겁의 시간 지나가고
이슬 머금은 꽃잎은
쓸쓸함으로 다가온다

돌아보니 상처 가득하고
다가오는 짧은 인생길
불어오는 바람에 뭉게구름
하얀 파도 되어 밀려온다.

배필

마주 보고 누워서 마누라인데
이제는 뒷모습 기댈 등반이이다
젊어서는 장미꽃 향기가 물씬 했는데
불혹 지나자 곰삭은 차향이다

내가 벙어리로 살아서
산방에 도란도란 들꽃 피우고
내가 차가운 목석이라서
우담바라 바람꽃 기다리는 마음

먹구름이 햇살 가려야
낮달이 뒤따르는 줄 알고
아궁이가 차갑게 식어야
식구들 가슴도 텅 빈 들인 걸

집안의 해라서 아내라던데
어두운 밤 소쩍새로 지새우다
부뚜막 시렁에 소금 단지처럼
식솔들 밤길 비추는 달그림자

사랑 울보

이제는 당신 두 눈에
눈물 고이지 않게 하렵니다

이미 퀭하도록 야윈 것은
그대 그 깊은 눈물샘에
내가 풍덩 빠졌기 때문이고

목메어 저린 슬픔에
화답하지 못한 내 가슴도
먹먹해 딸꾹질합니다

눈이 빠지도록
출렁출렁 평생 기다리던
아린 멍울도 도라지꽃으로
자색 쌉싸름하게 피어나겠지요

극과 극을 통해서
기쁘면 울고
너무 슬퍼도 웃습니다

그대를 사랑해서

그대를 너무 그리워해서

오늘도 내 눈가에 이슬이 맺힙니다.

세월 속에 그려진 내 모습

아침 이슬처럼
영롱한 빛깔로
내 모습을 그리고 싶었습니다

수줍도록 가난했던 내 모습
푸르름의 소망을
하늘에 띄워 보내고

수평선 저 끝까지
하얀 소망들을
바람에 실려 보내고 싶었습니다

이제는 다홍 빛깔 되어
황혼이 넘실거리는 은빛 바다에
수줍은 내 모습 그려봅니다.

한 명 희

PART 11

· ≪대한문학세계≫신인문학상수상 시 등단
· 시와글벗문학회 동인
· 시와글벗문학회 동인지 제6집『어떤 위로』공저
· e-mail:prinsilver@naver.com

장다리꽃

장다리꽃 시인의 마당에
무꽃 피었다
밤나무 숲 자락 길
돌담에 새겨진 시어는
이끼에 덮인 채 풍경을 읊는다

다랑이 발 허리 굽은 어머니
몸빼 걷어 올린 장다리 같은 무꽃
기억도 희미해진 시간의 뒤안길
당신의 호롱 불이라 하셨던 꽃

연보라 여린 꽃잎
나비 함께 정겨울 때
뜨락 길손들 고향집 머무른 듯
여울진 마음 켠
흰 꽃별 보듬는 어머니
품속 같은 장다리꽃

시어詩語로 영근 석류

석류나무 한 그루 시어로 영근다

주렁주렁 푸른 주머니 속으로 들여놓은
비비새 동박새 구애와
풍경을 흔들며 은사시나무 휘둘러온
바람의 수다
상추 씻은 앞 도랑 밤을 돌아와
아침 강가 윤슬로 피어나는 허리 굽은 사연도
취기어린 나비의 추태로
새초롬해진 양귀비 넋두리도
한가득 품었다

새벽 내 맑은 혜안으로
시심 어르고 달래 옹골지게 키우더니
알알이 영근 선홍빛 알맹이들
반짝반짝 빛나는 시어들
와르르 쏟아낸다

넓은 치마폭에 석류알 한 섬

가득 주워 안고는
눈 비비며 선하품 베게에 뉘여
머리말 살피니

텅 빈 원고지가 하얗게 잠들었다

병산서원

꽃단풍 따라
길 떠나 술렁였던 마음
옛사람 학문으로 머문 자리
병산 뜨락에서
노송을 스쳐온 바람결에
책장 넘어가는 소리를 듣는다

끝없는 욕심으로
내 안의 내가 없었던
삶의 잔영들이
뜨락의 나무마다 걸터앉아
침묵의 시간을 깨운다

만대루 유생들 글 읽는 소리가
낙동강을 흘러
내 고된 삶에 희망을 싹틔우고

예로 돌아가라는
인仁의 가르침으로

모난 마음
강변의 조약돌처럼 둥글리어
서원 뜨락 들국화 꽃잎에
한 마리 학이 된 마음
고요히 내려놓고
병산을 돌아선다

시어詩語를 낚으려고

연못 안에
자음과 모음 합방한 언어들이
붕어 떼와 노닐고 있을 때

돌멩이를 던져 물수제비뜨던 시인은
여러 겹의 동심원이 생기길
뚫어지게 바라본다

파장된 시어를 낚으려는 것이다
파장이 없는 언어는
시어로 환대받지 못한다고 생각하며
겹겹의 동심원이 크게 더 크게
무늬 지길 기다리는데

줄줄이 낚여 오는 시어들
3연까지 흡족하게 채우고
절명의 마지막 연이 막혀서
애꿎은 수양버들 잎새만 줄줄 훑고 있자니

갑자기 붕어 한 마리 수면 위로 오르며
마지막 연을 토해 놓는다
대어를 낚으셨다

모란에 끌리다

창밖 무성한 잎들이
눈부신 햇살의 살가움으로
너울너울 춤추던 한낮
문득 두세 평 햇살
큰 붓으로 찍어 마음에
풍경으로 앉히고 싶었던 날
길 위에 섰다

긴 돌담 따라
모란과 작약이 피었다
모란꽃에 오래 머물렀는데
아버지 수묵화 꽃을 들이던
자줏빛 꽃잎이며
혼수 날 받아둔 언니 수틀에
송골송골 피어나던
꽃이어서일까

초저녁 달빛 아래 꽃 등불 켜고
사립문 밝히던 고운 자태에

붉은 꽃을 들고픈 마음 접어도
모란은 해 질 녘 피어나는
노을 같은 꽃이다

해바라기

해바라기는
밤마다 경전을 쓰고 있었다

낮에 만났던 사람들 마음 밭에
싹트고 있는 연둣빛 언어와

나무와 새, 꽃과 나비의
새벽이슬 같은 푸른 말

바람과 풀꽃의
구절초 꽃술 닮은 속삭임까지

팔랑팔랑 큰 귀 열어
듣고 있다가

밤이면
꽃잎 위에
달과 별 앉혀 놓고
까만 글씨로 꼭꼭 눌러가며

내가 어리석어 깨닫지 못한 것들을
해바라기는 원형 씨방에
깊은 사유의 언어들로 빼곡하게
경전을 쓰고 있었다

풀꽃 밥 짓는 그녀

안개 낀 새벽 숲에 들어
빗방울 싸리 꽃잎에
고운 눈 맞춤 세수하고
이슬을 털고 앉아 풀꽃 밥을 짓는다

빗물 머금은 개망초 꽃차를 달여 마시고
풀밭에 앉아 네잎클로버를 찾다가
보랏빛 토끼꽃 피었다고
푸른 안부를 전송하는 그녀

치맛자락에 때 이른 코스모스
하늘하늘 수놓으며
벌 나비 너울너울 사진 밖으로 날아 나온다

노을 핀 석모도 강가
한 마리 물새 되어 여울목 콧노래 흥얼흥얼
스물두 살 꽃띠가 저만치 걸어온다

달무리 진 창가 하루의 고단을 눕히면

작은 꿈 실은 쪽배 하나
달빛 바다로 흘러 흘러간다

여우비

기억 속 풍경 한 폭에 여우비가 내렸다

온종일 작달비 쏟아지는 창밖을 보니
풀잎 같던 여심에 아름지게 풀꽃 피던 날
영상처럼 펼쳐진다

능수버들에 매인
쪽배 한 척 긴 하품 토해낼 때
햇살 등에 업은 버들잎 그림자만
들락날락 분주스럽다

두어 송이 꽃피운 연잎 사이로
소금쟁이 그려내는 포물선은
수년 스케치해 온 데생 선 긋기보다
정교하다

등 굽은 느티나무 연못 속 긴 그림자로 누울 때
벤치 위로 톡톡 빗방울 떨어진다
잠시 흩뿌린 비를 맞으며 마주한 청춘은
여우비 햇살 고운 날의 풀꽃 마음이었을까